AF388861

BIOGRAPHIE

des

Nains Béarnais

Les plus petits diminutifs humains

LEUR VIE

LEUR FAMILLE

LEURS VOYAGES

PAR O. MARÉCHAL, imprésario.

BIOGRAPHIE

Parmi tous les sujets d'étonnement que nous offre la nature, il en est un qui mérite tout particulièrement d'être apprécié, tant par son originalité, que par son caractère tout particulier.

Tout le monde s'intéresse à l'histoire des phénomènes, comme à une chose qui apparaît sous forme de mystère.

Ces personnages remarquables, s'imposent comme ils peuvent à l'étonnement des foules, ils intéressent particulièrement la jeunesse studieuse qui en garde le précieux souvenir.

De mémoire de tous les siècles de notre ère, petits et grands ont existé dans notre race humaine.

Le Royaume de Lilliput, appartenant à toutes les parties du monde, a de tout temps eu ses descendants. Le général Tom Pouce qui devint célèbre par sa petitesse, intéressa le monde entier, il fut le premier sujet de Barnum qui, par son succès commença une

fortune de cinquante millions de dollars. Tom Pouce mesurait 90 centimètres et pesait 15 kilos. Une naine d'une grande popularité était la Princesse Paulina qui mesurait 78 centimètres et pesait 12 kilos, c'était une miniature vivante, qui a été admirée sa vie durante.

En parcourant les Pyrénées Béarnaises, bien grande fut ma surprise, lorsque l'on me présenta une famille, dans laquelle des nains étaient des plus intéressants, des véritables poupées ! Adriens Denis, mesurait 69 centimètres et pesait 9 kilos ; sa sœur Marguerite, âgée de 20 ans, mesurait 70 centimètres et pesait 10 kilos.

Désireux de s'engager, ils sont venus avec plaisir faire le contraste frappant avec les foules du monde entier.

Depuis, ceux qui représentent si bien le roi de Lilliput, intéressent au plus haut point les milliers de personnes qui viennent chaque jour les visiter.

A cette exhibition, on se voit transporté en un coup d'œil, dans les voyages de Gulliver

car, s'il n'y a pas de géants plus grands que
les géants Hugo, il n'y a pas de Lilliputiens,
qui soient et n'aient été plus petits que les
nains Béarnais.

Ce contraste est tellement frappant, que
l'on ne peut s'imaginer que, dans notre race
humaine, il y ait des personnages existant,
de taille aussi exagérée en petitesse.

Les nains Béarnais sont semblables à de
petits jouets. Ils pourraient se cacher dans
les plus petits coins.

Très courtois, ils aiment beaucoup la
compagnie des dames qui, par leur figure
mignonne leur maintien gracieux, leur esprit
délicat, sont extrêmement diverties de leurs
manières ; quoique pas plus grands que la
botte d'un géant, ils sont doués d'une rare
intelligence et s'occupent eux-mêmes de tous
leurs intérêts. Ils imitent l'homme et la
femme dans toutes leurs actions, ils sont si
petits, qu'ils craignent continuellement qu'on
ne leur fasse du mal, les enfants qui les
prennent pour des poupées, n'ont qu'un désir,
c'est de les toucher.

Ils ont beaucoup d'amour-propre, ce qui les contrarie, c'est d'être considérés comme des enfants ; ils se font un malin plaisir de ne passer par aucun intermédiaire, pour leurs soins personnels, aussi éprouvent-ils de très grandes difficultés pour se servir de différents objets qui leur sont indispensables, car tous les meubles et ustensiles qu'ils rencontrent dans les hôtels, au cours de leurs voyages, ne sont pas faits pour d'aussi petits personnages.

Pour faire leur toilettte, c'est toute une mise en scène ; pour atteindre la cuvette qui leur servirait de baignoire, ils sont obligés de faire un échafaudage avec des chaises. Pour se coucher, ils montent après les barreaux des chaises, c'est presque de l'acrobatie ! Malgré toutes ces difficultés, ils ne négligent rien.

Ils sont très courageux, ils n'aiment pas, comme on pourrait le croire, se cacher dans les jupons de leur mère. C'est une véritable curiosité, il est juste qu'on les appelle homme et femme microscopiques.

Ils ont été l'objet d'un examen détaillé de

la part de plusieurs médecins, appartenant
au corps enseignant des Facultés de médeci-
ne, de Paris et de Bordeaux ; de très curieu-
ses constatations ont été faites, ils présentent
un grand intérêt scientifique, une série de
mensuration a été pratiquée dont voici en
quelques mots le résumé : Les nains Adriens
Denis et Marguerite de Bidache, apparais-
sent sous l'aspect d'un petit homme et d'une
petite femme. Depuis l'âge de un an, ils n'ont
pas grandi, et de fait ils se présentent avec
une figure poupine qui semblerait appartenir
à un enfant de cet âge, ils sont admirable-
ment bien proportionnés, malgré leurs petites
tailles, ils n'ont pas la hideur de ces nains
noués à la tête énorme, ils sont droits et très
biens conformés.

L'intelligence est assez développée, sur-
tout chez Marguerite qui parle avec beaucoup
de facilités et chante avec une voix très
juste. Pour se distraire, elle fait de la cou-
ture, du crochet. Leur taille est exactement :

Hauteur .   .   .   . . 69 centim.

Longueur des pieds. . 10   »

   »   mains .   8   »

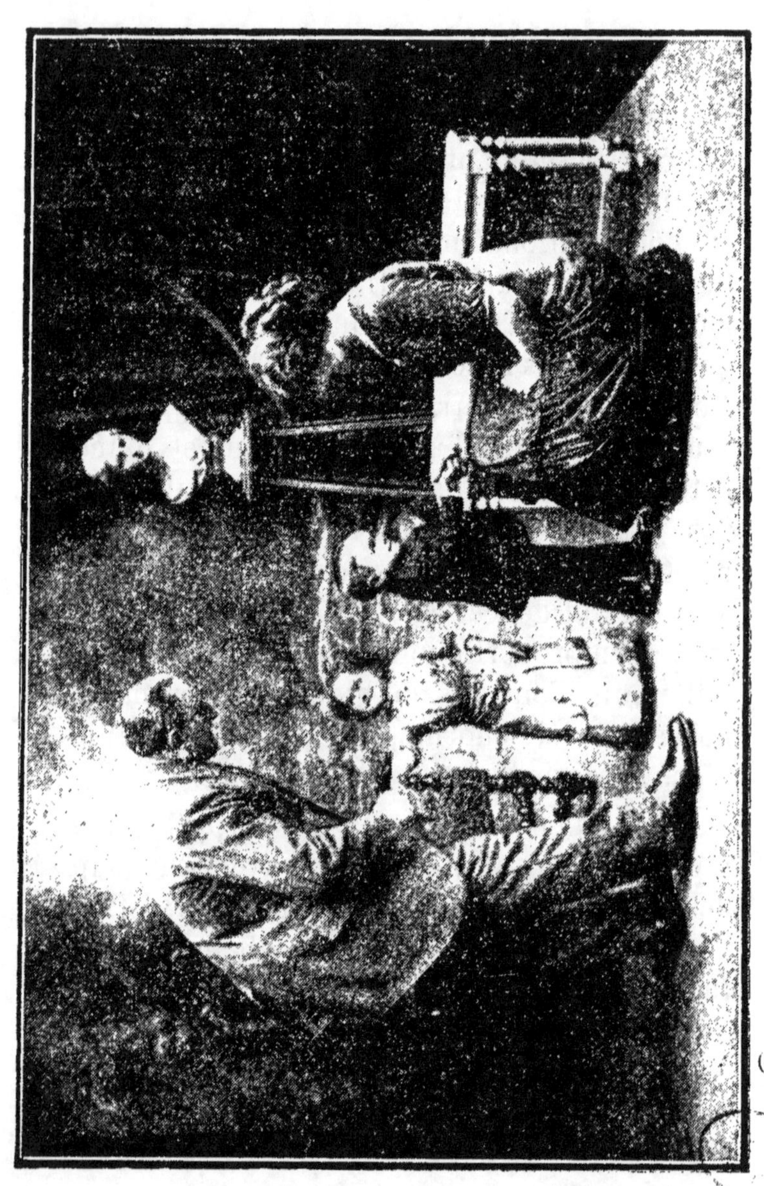

Entre les épaules . . 20 centim.
Circonférence du corps 47   »
     »   de la poitrine 48   »
     »   du cou . . 21   »
     »   biceps. . . 10   »
     »   de la tête. . 45   »

Ils chaussent la pointure 21, c'est loin d'être
des chaussures de géant.

Adriens et Marguerite sont nés à Bidache
(Basses-Pyrénées), Adriens est âgé de 18
ans, et pèse 9 kilos. Marguerite est âgée de
20 ans, et pèse 10 kilos. Les parents sont
cultivateurs et habitent une maison isolée
aux environs de Bidache, ils se sont mariés
jeunes, la mère avait 18 ans et le père 22
ans, ils ont eu 9 enfants, ils jouissent d'une
parfaite santé et n'ont jamais été malades,
ils habitent avec les grands-parents qui,
malgré leur âge avancé, le grand'père 75 ans,
et la grand'mère 70 ans, sont encore très
forts et bien portants ; toute la famille est
normalement constituée, seuls Adriens et
Marguerite forment exception rare ; les médecins, malgré leurs recherches ne savent pas

exactement à quoi attribuer la nature de ces curieux Phénomènes, et c'est en vain qu'ils essayèrent de les faire grandir.

Les Parents étaient désolés à la vue de ces enfants qui ne se sont pas développés du tout depuis leur naissance, ils les voyaient condamnés à devenir une charge pour eux.

Bien grande fut leur satisfaction, lorsque l'imprésario Maréchal, en passant dans les Pyrénées, au cours de ses voyages, les engagea et leur assura un avenir.

Depuis, ils voyagent sans jamais avoir été incommodés, ils mangent très peu, la valeur d'un œuf leur suffit à chaque repas.

Ils aiment beaucoup l'automobile qui est pour eux leur principale distraction, deux petits fauteuils surélevés ont été installés dans l'automobile Panhard-Levassor, ce qui leur permet de profiter de tous les agréments de la route. Cette voiture a tout le confort nécessaire pour que ces curieux personnages de la nature soient comme dans un salon, deux tables en acajou, lumière électrique, les fauteuils minuscules montés sur pivots, à la

hauteur des glaces des plus petits automobi-
listes.

Tout le matériel nécessaire à l'usage per-
sonnel de chacun, est également transporté
sur cette limousine, sur les marchepieds se
trouvent des coffres renfermant tous les
accessoires nécessaires à cette exhibition.

La méthode de voyager avec cette automobile donne une idée typique d'organisation.

Etablissements d'Imprimerie du Nord. — Condé-Paris.